Kleine Gedichte
oder
Gedanken
von Dasha

Ein Befreiungsversuch

Herstellung und Verlag:
BoD – Books on Demand, Norderstedt
ISBN 978-3-7357-5300-7

Besuchen Sie uns im Internet: www.bod.de

Umschlaggestaltung und Umbruch:
Jörg Abke
Typo: Palatino, Futura

Jeder Augenblick, den wir leben,
ist die Ewigkeit selbst . Ewigkeit
ist nichts Anderes als dieser Augenblick.
Sie sind ineinander versunken und identisch.
Dieser Zustand der vollkommenen
Durchdringung ist der Inhalt
der Erleuchtung.

D.T Suzuki

Eine Zeitreise

Vergangen. Graue Regenwolken ziehen vorüber. Ein Fiat hält vor dem Café in der Lilienstraße. Wir betrachten die dekoriererten Schaufenster und reden kein Wort.

Ein Jahr, zehn Jahre Zukunft, der man mit leeren Augen entgegensieht.
Der letzte Winter war kalt. Hungersnot litten wir nicht. Überall in der Welt geschehen Verbrechen. Ein Mann faltet seine Zeitung sorgfältig zusammen und wirft sie in eine Pfütze. Menschen strömen aus dem Bürogebäude und hasten zur nächsten U-Bahn-Station. Wir nehmen uns ein Taxi und fahren zu einem Schnellimbiß. Jemandem wird schlecht. Stunden in einem misslungenen Film. Draußen wird es Nacht. Trostlos. Alle Uhren sind stehen geblieben. Nur die Herzen schlagen noch.
Erinnerungen bis zum Morgengrauen werden ausgetauscht.
Menschenleere Straßen und zeitlose Zeiten. Wir machen Geschichte.

Die Beerdigungsbüros sind ab 9.00 Uhr geöffnet. Danach in den Supermarkt. Die Kinder kommen aus der Schule.
Für dieses Jahr buchen wir keine Reise.
Langsam quält sich eine Demonstration an den Menschen mit Helmen vorbei.
Das alte Haus hat jetzt ein Gerüst. Fröhliche Leute kommen aus einer Kneipe. Am Rande

der Stadt hat man einen Bunker für den
Atomkrieg fertig gestellt.

Morgen werden alle Träume Wahrträume
sein.

Man hat die Uhren repariert . Sie laufen wie-
der und mit ihnen die Zeit.
Straßen, auf die der Regen fällt – menschen-
leer. Es sind Zeitstraßen oder
Straßen unserer Zeit.

Schicksal

Wir gehen
in die Nacht hinaus.
Sehen und staunen
über Millionen von Sternen
und einem roten Mond.

Das Meer
im Morgengrauen
öffnet die Herzen.

Alles, was gestern
noch schwer,
fällt von uns ab.

Warte,
mein Liebster,
warte auf Dich,
auf dem Felsen
bei der nahen Lagune.

Du wirst kommen,
es ist sicher.
Deine Sehnsucht
ist meine Sehnsucht!

Eile und frage
nicht mehr.

Es gibt immer
ein Wiedersehen
mit dem Schicksal,
immer eine Wiederkehr.

Hamburg, am 17. Oktober 2007

edanken

Wie eine Katze
schleichst Du um
die verlorene Zeit.

Die Augen weit
geöffnet
schaust zum
Himmelszelt
und kannst
Deinen Stern
nicht wieder finden.

Im Wasser
spiegelt sich
Dein Gesicht
und Du sagst
dem Fremden einen Gruß.

Weihnachten

Wenn ein Stern
vom Himmel fällt,
versinkt für mich
das Leben dieser Welt.
Und ich sehe
nach oben,
das Heiligste
zu loben.

Wenn ein Stern
vom Himmel fällt,
erfüllt Musik
die dunkle Welt,
und er sagt
in seinem Licht.
Ich wache über Dir –
Immer –
Vergess' Dich nicht.

Wenn ein Stern
vom Himmel fällt,
weiß ich,
es ist
ein Gruß von Dir,
Und der sagt:
»Du gehörst zu mir.«

ordsee

Sturm vertreibt
die dunklen Wolken.
Heimweh ist vergangen.
Du erblickst das Meer:
Hohe Wellen den Strand
umfangen.

Mond leuchtet,
es ist fast Mitternacht.
Silber spiegelt
sich im Watt,
und irgendwer hält Wacht.

So hielt ich Deine Hand,
über Jahre fest.
Dann gingst Du fort,
Tränen sprechen
nun den Rest.

Einsam streif ich
durch die Felder,
halt mal hier
mal dort.

Seh mich ständig um,
doch Du,
Du bist
für immer fort.

*W*enn die Liebe
Mich berührt,
Lieblich streichelt
Meine Wangen,
Fühle ich mich
Sanft geführt
Durch alle Zeit
Und die Trauer
Ist vergangen.
Und der
Sonnenuntergang
Strahlt in
Rötlichen Strahlen,
So möchte ich gerne
Ein Bild von
Diesen Tagen malen.

Hamburg, am 22. August 2012

Die Traurigkeit

Tief in ihm lag ein großer, schwerer
Stein aus Traurigkeit.

So konnte sein Leben niemals froh
und glücklich werden.

Nach vielen Jahren sah er Eine,
die ihm wohl gefiel.

Einen Samenkorn der Liebe legte
sie ihm ins Herz gegen all seinen
Schmerz.

Und eine stolze Pflanze
wuchs heran.

Da wurde der Stein der Traurigkeit
weicher und weicher und löste sich
auf und gebrochen war der Bann.

Lasst euch von der Liebe berühren,
sie wird euch immer führen.

Wohin

Jetzt sind sie alle fort,
Niedergang ist mir
beschieden.
Verlasse jenen mir nun
fremden Ort
und suche anderswo
den Frieden.

Bei Dir , da wollt`ich
bleiben, doch Du hattest
keine Zeit für mich,
so musste ich sie selbst
vertreiben:
Was wurde aus dem:
Ich liebe Dich?

Meine Jahre vergehen
und tragen mich hinfort.
Doch einmal wird`ich
bleiben,
dann bist Du hier
und ich
bin dort.

Schlaflose Nacht

Seht zu, wo lang ihr geht,
damit ihr versteht,
wohin des Lebens Wille flieht.

In all meinen Träumen
jeder dunklen Nacht
lernte das Herz zu versäumen
DES TAGES UNGEHEURE PRACHT.

Es ergab scih in der Stille,
dass mein Wille
floh von mir,
es ward
ein starker Wille
der zog mich endlich
fort von Dir.

Und nun sehen wir zu,
wohin e geht
und träumen jede Nacht davon,
dass der Wille
Frieden sät.

Es gibt einen Sinn

Wenn der Tag erwacht,
wird ich wieder
bei Dir sein.

Schwer
war die Nacht
und ich
bin allein.

Sterne weisen mir
den Weg zu Dir.

Sterne leuchten weit,
erinnern
unsre Zeit
zu gehen hier.

Vollkommen
ist die Nacht
erst wenn
der Tag erwacht,

wenn ich
wieder bei Dir bin

efängnis

Ein Stückchen
Himmel sehn'
… vom Balkon.

Ein bisschen
weiter gehen
es lohnt sich schon.

Etwas alleine sein
in dieser Welt,
auch das
kostet Opfer,
auch das spricht
und hält.

Nur ein
Stückchen Himmel sehn
und ab und zu den Mond.

Dann schließen sie
die Gittertür,

…keine Seele
wird verschont.

Ich bin nicht die Fremde

Ich bin nicht die Fremde,
die Andere,
die so genannte von euch
Verbannte.

Für mich baut ihr Heime
und Anstalten
und meint,
nur so bin ich
zu verwalten.
Doch ich bin nicht
die Fremde,
die Andere.

Ihr gabt mir Medikamente,
um mich ruhig zu stellen.
Ihr meintet,
nur so könntet ihr
ein Urteil fällten
über die Fremde,
die Andere.

Den Willen habt ihr
mir gebrochen
und auch das Herz,
ihr gabt mir
Stromstöße dagegen,
vergessen kann ich
niemals jenen Schmerz.

Für euch bin ich die Fremde
die Andere, die so genannte
von euch Verbannte.

Geborgen/Trost

Dunkel
der Himmel mit einem Mal
und mein Gott
so fern.

Sehnsucht
ward mir zur Qual
trug mich
zum Herrn.

bschluss

Abschlussrechnung
mit Dir.

Ich habe addiert
und addiert
und garantiert
nichts vergessen.

Hab Dir`s
vorgerechnet
und dutzende mal
nachgerechnet.

Das Ergebnis ist gleich Null.

Null (0) Interesse
bleibt mir an Dir.

Ich bin ein anderer Mensch

Die Schwachen werden auferstehen
sie warten vor dem Tor und werden
mit »ihm« gehen.

Ich begebe mich in gute Hände;
ich bin ein anderer Mensch,
im Leiden, Leben und Wende,
im ständig Regen meiner Hände,
ich bin ein anderer Mensch.

Das Schiff der Liebe
brachte mich ans Ziel,
in mir wurd' es sanft und still,
ich bin ein anderer Mensch.

Das ständig Aufbegehren
legte sich zur Ruh,
wollte mich nicht wehren,
nahm alles hin,
ich bin ein anderer Mensch.

Die Freiheit wurde
Selbstverständlichkeit
im Laufe dieser Zeit.
Ich bin ein anderer Mensch.

Gib niemals auf
und ringe weiter,
einmal bist auch Du
glücklich, heiter.
Wege offenbaren sich
und führen weiter.
Dann bist auch Du ein anderer Mensch.

rei sein

Als der Tag begann,
die Stille floh,
kam Alltag wieder –
-holt einen jeden ein,
auch mich,
doch schmerzten mir
Seel`und Glieder.

Die Nacht,
die Du genommen,
als wär es einerlei,
ist meinem Schicksal
nicht bekommen,
ich wär so gerne frei.

Die Freiheit, die ich
meine,
an jedem Tag,
in jeder Nacht,
lebt ein jeder Mensch
alleine,
wird vom Himmel
wohl bewacht.

Wenn der Tag beginnt,
Alltag ruft und winkt,
wird ich nicht mehr
bei Dir sein.

Dann bin ich frei,
wenn auch allein.

Erkenntnis

Hoffnung treuer Dank.
Seelen auf zu neuem Fang.

Im Gleichmaß
der Unendlichkeit
wiegt sich leise
meine Zeit.

ppell

Hol mich zu den Sternen,
hol mich nah zu Dir.

Lass mich von Dir lernen,
gib mir Wärme, denn ich frier.

Rette mich vorm sterben,
öffne mir die Tür.

Ruf mich aus der Ferne
und sag ganz leis zu mir:

Mit Dir geh ich gerne,
lass mein Leben Dir.

Öffne mir Dein Herz,
lass mich nicht erstarren,
denn das bedeutet Schmerz.

Erwartung

Als Du meinen
Namen riefst
und ich
den Ruf gefühlt.

Nur ein Wort,
nur ein
einziges Wort,
und Du wirst
der Schlüssel
zu meinem
Herzen.

Welche Sehnsucht,
welche Freude
wartet dort
auf mich.

Keine Gefahr mehr
die lauert,
das Glück
in seiner Festung
ward ummauert.

Die Farben
werden froh und licht,
es lebt sich gut
auf Erden,
steuere nicht dagegen,
lass das Werden
werden!

Arbeitslosigkeit

Neue Armut
in den Straßen,
bald auch Hungersnot.
Viele Häuser
sind verlassen,
die Mieten
kaum noch jemand
zahlen kann.

Kinderaugen
nicht mehr lachen sehn,
und die Eltern
verbittert,
müssen stempeln gehen.

Kein neues Kleid
in diesem Jahr!
Weiß der Kanzler (Schröder)
nichts von Frauensorgen?
Will er nichts mehr sehn?
Heute, morgen,
übermorgen borgen gehen!

Ein reiches, freies,
schönes Land war
meine Heimat,
die ich lieb
auch heute noch.
Doch ein Mann
trinkt jetzt viel Bier,
denn seine Frau
geht putzen
früh um halb vier.

Und da soll ich
noch wählen,
woll`n sie meine
Stimme wieder zählen.
Ihre Macht kennt
kaum noch Grenzen.

Diesmal bleibe
ich zu Haus,
halt meine Stimme ein.
Ach es ist ein Graus
arbeitslos zu sein.

Winter

Es fällt kein Laub
mehr von den Bäumen;
es lässt sich nicht mehr
so gut träumen.

Weiß das Weiß
in dieser Welt,
dass sie
so wenig vom
Frieden hält.

Dunkle Gedanken kommen,
schwanken.
Es ist so kalt, so kalt,
der Menschheit Wunsch nach Frieden
ist alt, so alt.....

Immer wieder sagen sie:
Du sollst auf den
Frühling hoffen.
Warum nur macht es mich
so betrofffen?

Winter, Du bist ....
und kein Schein!
Jeder bleibt für sich allein!

Kein Laub mehr von
den Bäumen fällt.

Die Träume haben
sich umgestellt.

Der Clown-und-Abschied

Und sie lachen
und sie lachen
lachen weiter...
sind so heiter...

Steht er auf der Bühne
der Clown!

Er verbeugt sich
am Ende....

Und sie klatschen
und lachen ... und
sind so heiter....

Tränen fallen dem
Clown vom Gesicht.
Sie lachen weiter,
sind so heiter...
und sie wissen nicht,
dass das Herz
eines Clowns
gerade zerbricht!

Und sie wissen nicht,
dass des Clowns
Herz zerbricht....

Der Vorhang fällt.

Sehnsucht
(was hast Du daraus gemacht)

Der Herbst
Es blühen die letzten Rosen auf –
bald ist wieder Winterschlussverkauf.

Alles lief dem Frühling nach –
dann noch der verregnete,
kühle Sommer –
Ich mag nicht mehr warten
auf Dich –
ICH BIN ALT GEWORDEN
Dein geliebtes Herz
ist verrostet in mir.

Wenn Du im September
kommen willst,
– Du – es ist mir so egal!

Doch noch einmal im Herbst
blühen Rosen auf –
Trage das teure, blaue Kleid -
es ist nicht mehr modern.

20 Jahre später
Der Herbst ist nicht mehr fern.
Das teure, blaue Kleid
wohl ein letztes Mal –,
bevor der Rückzug
von DIESER Welt beginnt .

Ich war noch ein Kind –
zerpflückte Rosenblätter
streute sie in den Wind.
Du Wind, sende ihm eine Rosenblatt
und sage ihm:

»Ich hab ihn so satt.«

Kurzes Liebesgedicht

Du riefst
um Befreiung.

Ich wollte
Dir helfen.

Doch sie legten
mir Ketten an.

Das Regime
sagten sie
sei nicht dafür.

Ja, so schloss
sich dann
die letzte Tür.

Ich wollte
Dir helfen.

Es half Dir
nicht sehr.

Die Ketten
waren zu schwer.

offnung

Du gehst der Welt
entgegen,
vertraust der
eigenen Wandlung nur.
Auf vielen
neuen Wegen
legst Du
die erste Spur.

Wohin Dein Ziel
Dich führen wird,
das sei Dir ganz egal.
Du bist nun mal
Dein eigner Hirt,
so hoffe nur auf das,
was wird.

Das besiegte Herz gibt sich die Ehre

Das besiegte Herz
gibt sich die Ehre.

Verschwommen
melden sich die Träume...

Vergessen, versäume,
vergessen die Nacht,
die unbedacht
Du gewacht
bis Tageslicht
entzückte
das verwirrte Gesicht.

Ohne zu streben
einfach leben.

Das besiegte Herz gibt sich die Ehre.

Hab keine Angst

Rufst Du mich,
werde ich Dich hören.
Dringen Deine Schreie
durch die Nacht,
werde ich
die Fesseln Dir sprengen.
Hab keine Angst.
Mein ganzes Ich
lebt nur für Dich.

Stellst Du flüsternd
Fragen mir,
so bleibe ich Dir
keine Antwort schuldig.
Wirst Du sprachlos dann
für Jahre sein,
wird meine Stimme für Dich sprechen.
Hab keine Angst.
Mein ganzes Ich
lebt nur für Dich.

Verschleiern sich
die Sinne Dir,
reiße ich
den Vorhang auf.
Und endet einmal
Dein Hoffen,
dann schenk ich Dir
meine Ewigkeit.

Hab keine Angst.
Mein ganzes Ich
lebt nur für Dich.

ahlweise

Den leeren Becher füllen.
Das vergilbte Stück Papier zerknüllen.
Lesen in der Zeitung.
Was geschieht auf dieser Welt?
Doch meistens geht's nur um
Macht und Geld.
Die Heizung streikt seit Tagen schon.
Es ist ein Fron.
Der Hund musste in ein Tierheim,
weil die Besitzer ihn verlassen.
Politiker sind keine netten Menschen,
doch bringt es nichts,
wenn wir sie hassen.
Ratten verlassen das sinkende Schiff.
Warum sollte ich noch bleiben.
Er kommt heute nicht nach Haus.
Also – es ist aus.
Die Tränen wollen nicht kommen.
Ich bin zu benommen.
Im Winter gefriert der See.
Wir können Schlittschuh laufen
oder uns eine Bockwurst kaufen.

So geht es weiter
immer weiter.
Sei traurig
oder
heiter.

Wanderer

Wenn die Sterne
verblassen,
wenn die Sonne
nicht mehr lacht,
Wanderer,
dann gib acht!

Deiner Wege
waren viel,
doch bist Du
noch immer nicht
am Ziel.

Geh ein Stück
zurück,
wartete dort nicht
stilles Glück?

Lass es nimmer
warten,
es liegt in einem
Wundergarten.

Wanderer,
bleib eine Weile,
doch dann hab Eile.

Wenn die Sterne
verblassen,
dann gib acht,
Wanderer,
sie wird so dunkel,
diese Nacht.

ätselraten

Der Brief
verband ein Schicksal
mit dem Sein.

Du verstandest
ihn nicht,
so ging ich weiter,
allein.

Fragen
finden Antwort
immer
irgendwie,
frage nicht mich,
ich antworte nie.

Da schwiegen sie lange…

Der Stein zerfiel zu Staub.

Sie raubten
der Liebe Gruß,
Alles ist eilig.
vieles ein Muss.

So verharre
ich weiter –
kein glücklich Finale,
nur ein Schluss.

Bin dennoch heiter,
denn Leben ohne Rätsel
ist kein Genuss.

Entscheidung

Wenn die große
Liebe stirbt
und heimwärts geht

ins Unendliche.

Kein neuer Tag
mehr wird.

Dann fragst Du Dich

Wozu noch
hier auf Erden?

Deine Seele
sucht nur ihn.

Mit ihm
war Sein
und Werden.

Doch bleib ich hier.

Hab mich entschieden.

Abschied

Blätter fallen,
fallen leise,
ich ahne den Herbst
und der Wind geht
auf die Reise.

Du und ich
stehn ganz in
unsrer Weise,
wie nach einem Ritual.
Es ist egal.

Schaufelt nicht
Stein auf Moos,
legt das Leben
niemals bloß.

Blätter fallen,
fallen leise,
ich fühle den Herbst
und der Wind geht
auf die Reise.

reude

Wohl an die tausend Jahre
musst ich warten,
das Glück kam nur in Raten.
Doch jetzt bricht es
mit Macht herein
und ich bin wohl bereit.
Diesmal ist es nicht nur Schein.

Nun öffnen sich die Türen leicht,
was ich einst gewollt,
ich habe es erreicht.
Bis zum Himmel wollt ich fliegen,
einmal nur im Unglück siegen.

Und derzeit neigen sich
die Himmel mir entgegen.
Oh, welche Freude, welcher Segen.

edanken

Segel gesetzt,
Häupter benetzt,
grundlose Gründe
wahllose Fünde.

Träume ertrinken.
Anker versinken.
Freunde die hoffen,
der Schluss bleibt
wie das Leben
offen

ragen?

Die ersten Blätter fallen,
fallen leise.
Es wird Herbst.

Und tausend Vogelschwärme
gehen
auf die Reise
in ein fernes, warmes Land.

Zwischen Dir und mir
stehen Worte,
fallen Worte,
leise,
welche die Entscheidung suchen
auf Deine Weise?

Erinnerung

Narben wuchsen
über die alten Wunden.
Es verblasst mein
Bild von Dir.

Die Zeit hat nicht geheilt.
Sie hat vergessen gemacht,
und ich ringe mit ihr
um jede Stunde
von damals,
um jede Stunde
mit Dir.

Könnt ich Dich
einmal nur noch sehen
und würdest Du auch
mich verstehen,
wenn ich sage
»Ich liebe Dich
und wieder
Dich.«

Ahnung

Weiße Blumen,
schwarzer Tod.

Oh, Seele,
welche Früchte
bringst Du mir.

Welche Träume
lässt Du mich erleben.

Hebe die Schleier
und wache über mir.
Öffne die Himmel
und lass mich
ihren Glanz empfangen.
Und nimm von mir
das Bangen.

Weiße Blumen,
schwarzer Tod.

Heiße Erde,
Roter Mond
Ton in meinen Händen.
Wann sag wann
wird sich für mich
das Schicksal wenden.

Heiße Erde
Roter Mond
Tod in der Savanne.
Wann sag wann,
greifen uns die Geier an?

Heiße Erde
Roter Mond
Beten ganz im stillen.
Wann sag wann
kann ich leben
ganz nach Deinem Willen?

*W*eine nur
und Deiner Tränen Mogentau
erhebt sich hoch
zu vollem Glanze,
bindet in Göttlichkeit sich
zu einem Kranze
verflochten mit des Leidens Schuld,
tröstet Dich mit
unendlicher Geduld
und Deine Tränen werden Gold,
die auf des Lebens Waage liegen
und wiegen sich
um Gleichgewicht bemüht,
die Schalen der Wahrheit füllend.

Und zurück kehrt
Dein Lächeln, das ohne
Krieg den großen Sieg
errungen hat.

Steine (für Emil)

Da lernten die Steine sprechen,
wollten jedoch ihr Wort nicht
brechen.

Daraufhin gerieten sie
ins Rollen,
begannen miteinander
fest zu grollen.

Nur der Fels
blieb standhaft stehen,
konnte all die Folgen
übersehen.

Trag einen Stein
in meiner Hand,
kenne einen Felsen
in diesem Land.

Ich lebe mein Leben
im tiefen Bestreben,
die guten Ding zu tun,
die Deinem Sinne
wohlgefallen,
denn in allem
suche ich nur Dich
und immer wieder Dich.

Und so will finden
mein Herz keine Ruh,
bis dass Du mir
Dein Zeichen gibst,
GOTT,
dass alles gut ist,
was ich tu.

Über das Dichten

Du, Dichter
schließt Dich wieder ein
und bist ein ganzes Leben
lang allein.

Du gräbst in Worten,
wägst sorgsam ihre Werte,
schleifst ab ihre
vermeintliche Härte.
Dann presst Du sie
in vorgefasste Formen,
damit sie auch den Normen
noch entsprechen
und gültige
Regeln nicht durchbrechen.

Bist ein Künstler,
der geborene Dichter,
zündet an in der Herzen Lichter,
macht aus Worten Reime,
die im Keime schon entzücken,
sie in den Glanz
der Meister rücken.

Das Volk wertet und vergleicht,
sind die Verse arm
oder sind sie reich,
gehören sie ins öffentliche Leben?

Dem Dichter kann es da nur widerstreben.
Die Kunst ist sein Reich.
Nur in ihr bleibt
Freiheit und Vergleich.

Erschreckt der eigene
Schatten Dich,
so wandle nicht im Licht.

In der Ruhe der Nacht,
die Deine Gestalt bewacht,
kannst Du nur erahnen,
welch hoffnungsvolles Planen
Dir neue Zukunft misst.

Das wird ein Fest
so ganz groß.
Bescheiden bleibst Du
der Betrachter,
wie im Vorübergehen,
ein Zuschauer bloß.

offnung

Ich möchte immer bei Dir sein,
mein ganzes Leben lang.
Möchte Dich mit meinem Sein erfreun,
doch mein Herz ist auch so bang.

Da klingen Stimmen in mir auf,
voll Freude jauchzen sie,
Du nimmst all meine Fehler
treu in Kauf,
verurteilen wirst Du mich nie.

Du bist »Der«, auf den ich warte,
mögen's auch hundert Jahre sein.
Mein Leben ist nur eine Rate,
in Deinem ach so heiligen Schein.

Wohl hab ich Schmerzen
hier auf Erden,
im Leiden üb`ich mich
an diesem Ort.

Wird einst Dein Reich
hier werden,
sind die dunklen Nebelschwaden
wieder fort.

ank

Mein Herz ist
voller Dankbarkeit,
Enge, auf einmal
wird sie weit
im Angesicht
»Deiner« unendlich
großen Macht.

Der dunklen Schatten
mühsamer Debatten
ziehen vorüber
wie die Wolken
am Himmelszelt.
Vorbei ist alle Not,
das Böse fällt.

Er der "Eine" nur hat
alles hier gemacht.
Vergiss es nie,
er hat in Allem alles
bis ins Kleinste
wohl durchdacht…

*W*ie oft
denke ich an Dich?

Muss jetzt nicht mehr leiden.

Du warst die ganz große Liebe
für mich.

Schön war's mit uns beiden.

Begegnung

Langsam
mit behutsamer Kraft
bewegen wir uns
-aufeinander zu –
lauschen der Stille,
sagen nicht mehr
Ich und auch nicht Du.

Sprechen
und fragen und wagen
sind mehr als ein
und doch nicht zwei.

Sind verschlungen
und verkettet,
sind dennoch frei.

Langsam
mit behutsamer Kraft
trägt es uns fort
und
der neugeborne Ort
schlingt himmlische Bänder
um unsre Gewänder.

Es konnte
uns halten dieses Glück,
doch kommst Du nie mehr
ZURÜCK.

lückselig

Glückselig lang
oder bang
Dich rufen,
fragen,
ohne zu klagen
dieser kosmische Moment,
der die Seligkeit kennt,
oder wie Feuer,
das brennt.

Glückselig lang
oder bang
es bleibt ein Drang
zur Freiheit hin,
wo es für jeden heißt:

»Ich bin.«

Er

Sie künden vom Abschied
nah und fern.
Des Königs Haupte stand
unter einem guten Stern.
Sie breiteten die Arme aus,
schlossen ihm auf,
im bescheidenen Haus.

Schweigend wartend,
die Botschaft erratend,
sammelt sich die Menge,
wühlt auf,
wird zum Gedränge.

Als er erscheint
umhüllt
vom beginnenden Abendrot,
gibt er der Menge Wasser,
gibt ihr Brot,
wendet all der Seelen-Not.

Es wird ganz leise,
sie sind beglückt,
doch warum bleibt er
von ihnen so abgerückt?

Begegnung mit ihm

Da fallen Tränen,
werden Stein.
Die Last ward schon
gewogen,
bricht in das
Erdreich ein.

Es spielten Musikanten
am Grab der Ewigkeit.
Die Botschaft,
die sie sandten;
es heile euch die Zeit.

In Deine Augen
konnt' ich sehen
und erkannte meinen Traum.

Vieles wird' ich
nun verstehen.
Und sie küssten
seines Gewands Saum.

ptimismus

Und die Eule blickt
    da durch

Wald und See
Heimweh und Schnee

    weh ach weh?

In aller Lande
knüpfen wir statt

    Krieg

zarte Freundschaftsbande.

Kräfte übersteigen
Macht der Furcht.

Und die Eule blickt
    da durch.

Mahnung

Schillernd, lockend
fast verzückt,
Abgründe schneidend
und doch
ward nichts verrückt.

Der Wille zur Klarheit
bringt Freiheit
und Sieg,
wird er verrückt
zum Chaos hin,
folgt daraus
ein Krieg.

Menschen und Sitten,
Gebräuche und Riten
sollte man hegen,
oft nachsichtig sein,
wie das Suche nach Wegen
gebührlich und rein.

Schillernd, lockend
fast verzückt,
immer ein wenig
von der Welt entrückt!

Sehnsucht

Es war Krieg,
er durchbrach die Mauern,
sie fielen gleich,
die Meute war am Lauern.

Er ließ sie fallen
und vergaß sie ganz,
sie grub sich ein
in ihrem Gram
und niemand wieder
sie aufforderte zum Tanz.

Sie spürt das Licht,
hebt den Kopf,
es leuchten Sterne,
ein Schein nur ist's
von ferne,
jedoch für immer
und gibt so
dem verzagten Leben
neuen Hoffnungsschimmer.

Wie gern wär auch ich
ein Stern,
doch ist der Himmel
so fern, so fern.

Erkenntnis

Die Räume sind leer,
Fenster und Türen
verriegelt
und ich muss ghen,
werde heute nicht
auf Dich warten.

Die Träume schweigen
der Weg ist lang
und ohne Ziel
wieder einmal forderst
Du zuviel.

Es gibt nur ein
Weiterleben bis
zum Ende.
Seht nicht zu,
reicht mir
eure Hände.

Auf Barmherzigkeit
bin ich nun angewiesen.
Es gab eine Zeit,
da habt ihr mich
gepriesen.

Vielleicht ist es ja
nicht so weit,
vielleicht ist es schon
soweit.

eschieden

Er ging die Straße
auf und ab
als suchte er etwas
und fand ihr Grab.

Aber ich wollte
doch noch…

Nein, verzeihen
werde ich Dir nie.

Versöhnung?
Eher eine Verhöhnung!

Und drei Rosen
blühten dort
und der Stein war blass.
Er verließ den Ort.

Geschieden?

Welch wundersamer
Frieden.

Er ging die Straße zurück
begann zu grübeln,
spürte vergangenes Glück.
Mond umhüllte ihn
mit kaltem Licht.
Er eilte davon und fühlte
der Liebe nicht.

Haftung

Es war einmal
und ist nicht mehr,
wo nehm ich jetzt
nur meine Träume her?

Der Alltag ist
so öd und leer,
die Phantasie
gibt nichts mehr her.

Im Tal das Schweigen,
eine Mücke sticht.
Bäume rauschen,
Sonne bringt Licht.

Der Balsam
dieser Endlichkeit
macht mein Herz so weit,
es fängt wieder an
zu träumen
in Heimlichkeit.

Erkenntnis

Es öffnet sich
die Tür
und herein
tritt Dein Schicksal.

Warst Du so dumm?
Heut nach fast
dreißig Jahren
duldest Du es stumm.

Es brach der Wind
die Zweige,
keine Hoffnung mehr
eine Liebe
ging zur Neige.
Das Leben… schwer.

Stumm geduldet
ohne Tränen,
selbst verschuldet?
Was bleibt:
ist
das–sich–ewig
Sehnen.

Der Traum ist aus,
das Herz gebrochen.
Es gab nie ein Zuhaus,
alles flieht weiter,
am Ende
trennen uns
nur noch Wochen.

Danksagung

Fast dreißig
Jahre zu spät
kann ich erst
danke sagen.

Danke für
das Klarwerden
meines Geistes.

Danke
für die Freude,
die danach
folgte.

Danke
ein kleines
Wort
und trägt doch
das ganze
Geheimnis meines
Lebens.

Danke

Kleine Liebeserklärung

Ich bin auf
die Erde gekommen,
weil ich Dich
liebe.

Es waren
seltsam süße
Triebe,
die zogen
mich zu Dir.

Doch welchen
Grund, wenn
ich noch bliebe,
wo Deine Liebe
doch nicht mir gehört.

Hoffnung

Das Leben
ist fast um.

Am Ende
weint das
Herz.

Gab es so
viel Kummer
Gab es so
viel Schmerz.

So ist es nun einmal.

Menschen
müssen leiden.

Doch war
die große
Liebe mit uns
beiden.

Gott

Wie wäre das Leben leicht,
hätte jeder nur
sich selbst erreicht.

Es gäb
keine Mauer,
keiner Langeweile Dauer.

Jeder Tag
wär ein Fest.
Ein Fest,
das jedermann leben läßt.

Teil Zwei

*N*ur einer,
nur ein einziger
hat mich in eine
Verwirrung gestürzt,
von der ich mich
nicht wieder
erholen kann.

Jean-Jaques Rousseau

Gedanken zum Mond

Mild leuchtender Mond
du scheinst in der Nacht.
Um Dich Millionen Sterne,
sieh welch eine Pracht.

Im kalten Universum
dein silberklarer Blick.
Siehst auf die Erde nieder,
verwaltest ihr Geschick.

Manche Nacht
durch mein Fenster,
sieh ich Dich Mond
am Himmel stehen.

Glaube an Hoffnung
und an ein Wiedersehen
mit all den Lieben, die
vor mir sind gegangen.

Habe Dein Licht
empfangen.
Wirst eins mit meinem
Leben.

Ein weiter Weg.
Wird' ihn weitergehen.

Ende 2007

Herzschmerz

Als mein Herz
zu Grabe ging,
die Sonne
Feuer fing.

So stehe ich
am Abgrund
und wage nicht
zu springen,
dabei gibt es
doch keine andre
Lösung mehr!

Ach, warum
mein Liebster
ist der Weg
zu weit
zu Dir?

Mit den
Wolken
wird' ich
weiterziehn
nach
Irgendwohin!

21. Mai 2009

Träumend

Du warst mein Traum.

Und nur für Wochen
wahr und
Wirklichkeit.

Versuchte
zu vergessen.

Doch der Traum
blieb, wie vermessen.

Heute lebe ich
den Traum.

Einen Unterschied
zwischen Wirklichkeit
und Traum bemerke
ich kaum.

Hamburg, Mai 2009

Sehnsucht

Hörst Du mich?

Siehst Du mich?

Nimmst Du mich
auch wahr?

Ich höre Dich!

Ich sehe Dich!

Ich liebe Dich!

Das ist Dir doch klar?

Hamburg, am 17. März 2009

Engel

Was war gestern?
Hab's vergessen
über Nacht.

In düstern Träumen
hat ein Engel
über mir gewacht.

Was war gestern?
Eigentlich nichts,
nichts was wert für
die Erinnerung.

Heute Morgen mit
neuem Schwung
in ein Lichterleben.

Was nützt alles
streben im Leben,
wenn es ohne
Freude ist.

Hab Dich vermisst.

*E*ngel nun,
lasst uns Gutes tun
und zündet die
Lichter an.
Dann oder vielleicht
irgendwann
wird es wieder schön
auf dieser Welt.

Freude
die Gemüter erhellt.

Komme wieder,
mein Engel,
wenn ich liege
in dunkler Nach

Und

halte Wacht!

Hamburg, am 11. September 2009

Engel aus Glas

Was blieb verborgen.
Welche Seligkeit
wandelte sich
in Sorgen?

Wir durchschauen
es nicht
und sollten`s
niemals denken.

Soll ich ein
letztes Mal
mein Herz
verschenken?

Engel aus Glas.
Wir könnten daran
zerbrechen!

Hamburg, am 2. Juli 2009

*E*in Engel

Ein Engel
ist auf dem Weg
zur Erde.

Beflügeln
soll er
die träge Herde.

Aus ihrer
Dumpfheit
sollen sie
erwachen

und

einmal wieder
lachen,

denn unser
Herr hört es
so gern.

Sieh nur,
die Engel sind
nicht mehr fern.

Hamburg, am 1. Juli 2008

Eine kleine Möwe

Es fliegt
eine kleine Möwe fort
zu einem fremden Ort.

Sie lebte viele Jahre
am Meer,
doch gibt es dort
keine Fische mehr.

Der Mensch
will nicht teilen
mit Dir, Du liebe
Kreatur.

So fliegt
diese kleine Möwe
fort, an einen
fremden Ort.

Flieg, kleine Möwe,
wie gern käm ich
mit Dir!

Doch nahm man
schon recht früh
die Flügel mir!

Hamburg, am 4. August 2008

Jahrzehnte

Jahrzehnte
bin ich durchs Leben
gegangen,
ward immer wieder
gefangen.

Wollte oft aufgeben,
denn schön war
es nicht
dieses Leben.

Doch ich habe
gelernt,
mich von Leid
und Elend
mehr und mehr
entfernt.

Am Ende aller Wege
traf ich Dich.

Es waren Tränen,
Tränen voller
Glück.

Heute blicke ich
nicht mehr zurück.

Ich bin durchs Leben
gegangen.

Bin nicht mehr
gefangen!

Hochzeit

Wenn zwei Herzen
sich verbinden,
alles Leid
zusammen überwinden
und eins im andern
glücklich ist.

Soll es so sein?
Soll es so sein?

So werden wir
uns finden.

Es wird so sein –
werden den Hochzeits-
kranz binden –
und die Glückseligkeit
kehrt in unser
beider Leben ein.

So wird es sein!
So wird es sein!

Liebe Liebe
komme bald,
finde Dich ein.

Du und ich
ein Ehepaar,
wäre das nicht
wunderbar?

ege

Regen peitscht entgegen
auf meinen Wegen und
sagt: »Bleib stehen.«
Nein, ich will weitergehen.

Peitschender Regen
und Stürme überstanden.

Da kommt ein Wetterwechsel.
Das Klima so mild und
zarte Sonnenstrahlen, die
vor Dich bunte Blumen malen.

Und im schönsten Sommerkleid
umgibt Dich nun
die gute Zeit.

Sieh nur her, bald sind wir
am Meer, dort werden wir
für ewig Urlaub machen.
Und mit uns wollen
Möwen und Delphine lachen.

Es ist so schön,
dass der Mensch vergessen kann
und allzeit ist bereit für eine
gute, bessere Zeit.

Wir bauen uns ein Boot.

Es lebe die Freiheit!

Die Knechtschaft ist tot.

Kleine Botschaft (für D.G.)

Wir rücken
näher aneinander,
denn die Not
wird groß.

Falsche Zeugen,
falsche Fahnder,
sag,
was mach ich bloß?

Keine Briefe
und kein Telegramm,
Telefone werden
abgehört.
Jeder kämpft für sich.

Doch glaube ich
immer noch an Dich,
bitte lass mich
diesmal nicht
im Stich!

Hab keine Angst

Rufst Du mich,
werde ich Dich hören.
Dringen Deine Schreie
durch die Nacht,
werde ich
die Fesseln Dir sprengen.
Hab keine Angst.
Mein ganzes Ich
lebt nur für Dich.

Stellst Du flüsternd
Fragen mir,
so bleibe ich Dir
keine Antwort schuldig.
Wirst Du sprachlos dann
für Jahre sein,
wird meine Stimme für Dich sprechen.
Hab keine Angst.
Mein ganzes Ich
lebt nur für Dich.

Verschleiern sich
die Sinne Dir,
reiße ich
den Vorhang auf.
Und endet einmal
Dein Hoffen,
dann schenk ich Dir
meine Ewigkeit.

Hab keine Angst.
Mein ganzes Ich
lebt nur für Dich.

Am Anfang
ergibt sich das Ende

Siehst Du den weißen
Winterwald?
Du frierst ja, es ist kalt
und die Sterne
sie blinken, als würden sie
winken, den vielen, die vor
uns gegangen sind.

Komm in die Hütte
und wärme Dich auf.
Ich sing Dir Lieder vor
und erzähle Dir eine
Geschichte und mach
heißen Kaffee für Dich.

Du bist so traurig,
mein Kind!
Hörst Du, es heult der
Wind und es zieht
an allen Ecken, komm, nimm
diese warmen Decken.

Es ist vorbei,
jetzt wirst Du schlafen.

Ich warte am Fluss auf Dich.
Dann wird der alte Fährmann
uns ans andere Ufer bringen.

*N*ein, sieh nicht zurück!
Du wirst nichts mehr erkennen.
Vor Dir ist jetzt eine andre
Welt, wollen wir sie
Ewigkeiten nennen?

Es ist doch nur ganz kurz
gewesen dieses schwere
Menschenleben auf Erden.

Was jedoch danach kommt,
kannst Du noch nicht erahnen.

Sie hissen schon die Fahnen.
Sei bereit!
Komm, lass uns gehen in
alle Ewigkeit.

Hamburg, am 20. Dezember 2009

Eine Frau in Deinem Alter

Der Wunden viele,
fast vernarbt
und siehe, schon
ergraut,
doch ganz in ihrem
Stile, hat sie viele
Kartenhäuser
wieder aufgebaut.

Sie sieht durch
viele Leben
aus schönen grauen
Augen.

Hat geweint
zu viele Tränen.
Man sieht es an
ihren Wangen.
Lernte, dass nur
die eigenen Taten
zum Glücke langen.

So geht sie ihrer
Wege,
mal sanft, mal still,
und auch mal wutentbrannt.

Wenn mich einer fragt,
sag ich nur,
»Ich habe sie gekannt.«

Hamburg, im Januar 2010

Adieu, Adieu, es war schön

Adieu, adieu,
nun muss ich gehen.

Singe Dir noch einmal
mein kleines Lied
der Liebe,
warst doch alles
für mich in
dieser Welt.

Doch so schnell
waren wir getrennt,
denn kein Mensch
des Lebens Wege
kennt.

Adieu, adieu,
nun muss ich gehen,
kann der Tränen
nicht mehr widerstehen.

War es nur Leid,
was mein Leben litt
doch im Herzen
Dein Bild und Deine
Liebe für mich stritt.

Adieu, adieu
wirst mich nie wieder sehen!

Adieu, adieu
es ist Zeit
und ich muss gehen!   *Hamburg, am 4. August 2009*

Betrogst mich gestern

An Dieter G.

Betrogen schon
im gestern.
Das Leben schickte
Dir falsche Schwestern.

Mach Dir nichts daraus!

Mit uns ist es
dennoch niemals aus.

Aber gib zurück,
was mir gehört,
mein Herz,

es findet sonst keine Ruh.

Und schließe ich einst
die Augen zu,
soll es in Frieden sein.

Frieden – Allein?

Frieden – im Sein?

Betrogst mich gestern.

Es sind so oft
die falschen Schwestern.

8. November 2008

Stille Zeit

Horch, stille Zeit,
Stille.
Welch zarter Wille
will Dich berühren
und will Dich führen?

Die Uhr, sie tickt
so leise, erinnert Dich
auf sanfte Weise an
eine schöne Zeit.

Da gingen die Träume
auf die Reise,
hörtest das Rauschen
der Bäume und ein
Lied erklang ganz
leise.

Bist wieder erwacht
aus letzter Nacht.
Nun horch, wie die
Stille Zeit an Dich
gedacht.

Horche!
Stille Zeit!

Erkenne des
wundervollen Wandels
Leid hin zu Lieb und
Freud, doch braucht es
seine Zeit!

August 2010

Sanftheit

Es weht der Wind.
Es singt ein Kind.
Dann wieder Stille.
Der Freiheit Wille
und Wahrhaftigkeit.

Man sagt
es gibt keine Zeit.
Jetzt weiß ich,
dass es stimmt.

Und sprachlos stimmen
die Stimmen mit ein,
alles was sie wollten,
war frei zu sein,
auch von der Zeit.

Zur Sanftheit bereit.
Es rauscht der Wind
und sprachlos stimmt,
was doch nie stimmt.

Sanftes Handeln lässt
Mensch und Tier und auch
Materie verwandeln.

Hör nur, wie die Stille
spricht und wie die
Stimmen schweigen
in ihrem eigenen Reigen.

So sanft, so sanft, so sanft.

Es ist alles bereit für
die Sanftheit in dieser Zeit.

Versöhnung

Die Luft ist lau.
Das Herz spricht mild.
Der Himmel blau.
Die Sonne scheint auf
glitzernden Tau,
ein Vogel singt.

Wie bin ich doch
so froh.
Nach Jahren Wanderschaft
und suchen,
geschah es wie von selber.

Habe mich gefunden,
bin an nichts mehr gebunden.
Das Suchen ist vorbei.
Ich bin endlich frei.

Und die schöne
Weihnachtszeit ist
nicht mehr weit.
So, Vater schick ich Dir
ein Halleluja!

Ich bin da!
Versöhnt mit dem Leben,
so soll es sich geben.

Hamburg, am 8. August 2011

Blüten der Seele

Blüten der Seele
zart und fein
glänzend und
leuchtend.

Ergebnisse,
Gedanken
von Seelen.
Die Blüten,
die den Weg
zum Himmelreich
ranken.

Blüten der Seele
wer euch sieht
möchte euch pflücken,
wie Zeit und
Ewigkeit,
wie Sterne
vom Himmelszelt.

Ihr sollt nicht sterben,
ihr seid die Erben
zarter Seelentaten.

Blumen der Seele
ihr macht die
Augen sehend.

Öffnet meine Augen,
lasst mich euren
lieblichen Nektar saugen,
so will das Leben wohl
taugen, und …
leuchtet mir auf
meinem Weg.

Seelengemeinschaft

Wenn unsere Seelen
sich berühren,
öffnen sich
des Himmels Türen.

Ein Wunder den
Liebenden geschenkt.

Der Ort wo wir
uns trafen
sei eingedenk.

Es war der erste Blick,
gestohlen hast Du
mir mein Herz,
bekam es nicht zurück.

Du gabst mir Liebe,
Du gabst mir Schmerz.

Könnte ich noch
einmal die Zeit
leben ohne leiden,
ich würde diesen
Ort meiden.

Denn so wie
damals möchte ich
nie mehr lieben,
es war übertrieben.

Hamburg, am 8. August 2011

lück

Bin auf der Straße
ins Glück.

Sieh nicht mehr zurück,
nie mehr zurück.

Irgendwann
und irgendwo,
da wirst Du sein,
die Welt ist doch
viel zu klein,
um Dich nicht
wieder zu finden.

Durch Schicksal
bin ich an Dich
gebunden.
Jetzt zählen nur noch
Stunden,
wann wird ich wieder
bei Dir sein?

Du bist mein,
ich bin Dein.
Fürchte nichts,
Du sollst immer
in Freiheit sein.

Du, ich liebe Dich
und nur Dich allein!

Hamburg, am 21. September2011

ie nah genug

Nie nah genug, immer
ein Stück zu weit
entfernt, um Dich
zu rufen.

Weißt Du, ich konnte
niemals Abschied
nehmen von Dir.

Sehne mich nach Dir,
sei für immer bei mir,
mir so nah.

Ich ging durch Welten
der Einsamkeit
und Länder ohne
Hoffnung die ganze
Zeit.

Alles bewegte sich
am Rande der
Erträglichkeit,
Gleichgültigkeit.
Eine freudlose
Vergangenheit.

Geläutert?
Das hat der Schmerz
mich nicht.

Sehne, sehne, sehne mich

u bist

Du bist
und ich gehe mit Dir mit.

Im All erfahren wir
das Licht,
fürchten uns nicht,
denn nun niemals
mehr unser Herz
zerbricht.

Siehst Du das Leuchten
schon am Himmel?

Wir reiten auf
einem wunderschönen
Schimmel
entgegen neuen Zeiten.

Lass uns nicht
mehr warten.
Nimm von uns
die Vergangenheit

in dieser
Neuen Zeit!

März 2010

Und es kamen neue Lieben

Und es kamen
neue Lieben
und es kamen welche,
die gern blieben.

Doch mein Stern
so furchtbar weit
führt mich jetzt
durch manche Einsamkeit.

Und eure Sprachen
kann ich nicht
verstehen.
Und eure Herzen
hab ich niemals
gesehen.

Lebe wohl,
nun diese Welt,
lebet wohl,
denn ich will
weiter gehen.

Hamburg, am 8. August 2009

Dunkle Erinnerung

Trauer ist der nächste Schritt
und das Unglück geht mit.

Du bist fort!
Wo bist Du?

Bis der Schmerz den
Wahnsinn weiht, vergeht
schon eine Zeit.

Hab's überwundn.
Denk niemals mehr an
zärtliche Stunden.

Das Leid tritt auf
die Schwelle, das Dunkel
vertreibt das Helle.

Nie wieder lieben
verbunden mit Schmerz.

Oh, mein Gott,
was blutet mir heute noch
das Herz!

Hamburg, am 13. August 2009

Begegnung

Du sagst,
Du brauchst mich.

Ich lächle...

Du sagst,
Du hast gewartet
so viele Jahre
auf ein Wiedersehen.

Ich lächle...

Du fragst,
ob ich nun
mit Dir
gehen will?

Ich lächle...
und sage,

ja, ich will!

Hamburg, am 20. Juli 2008

ie Wahl

Du hattest die Wahl.
Du hast gewählt,
traurig für mich,
es hat mich
vor Jahren
sehr gequält.

Ich habe die Wahl!
Ich wähle mich!
Lass Dich ganz los,
quäle Dich nicht.

Jeder
kann wählen, doch
Fehlentscheidungen
können uns quälen.

Wähle das Glück!
Und garantiert
es kommt zu Dir
Z U R Ü C K

Hamburg, am 16. Juli 2008

Joshua

Du hast Sterne
für mich gesammelt.
Deine Küsse haben
mich betäubt.
Hast alles geteilt
mit mir
und war mir kalt,
hast Du mir
Deinen Mantel gegeben.

Dann bist Du
gestorben.
Viel zu früh
so jung an Jahren.

Tränen,
keine Sterne,
ungeküsst,
niemand will
teilen,
kein Mantel
in der Kälte.

Du bist oben,
ich hier unten.

War die Liebe
auf Erden,
kann sie im Himmel
wieder werden.

Du, warte auf mich,
ich brauche Dich
im Himmel, wie auf Erden.

Hamburg, am 4. Juli 2009

Schicksal

Wir gehen
in die Nacht hinaus.
Sehen und staunen
über Millionen von Sternen
und einen roten Mond.

Das Meer
im Morgengrauen
öffnet die Herzen.

Alles, was gestern
noch schwer,
fällt von uns ab.

Warte,
mein Liebster,
warte auf Dich,
auf dem Felsen
bei der nahen Lagune.

Du wirst kommen,
es ist sicher.
Deine Sehnsucht
ist meine Sehnsucht.

Eile
und frage nicht mehr.

Es gibt immer
ein Wiedersehen
mit dem Schicksal,
immer eine Wiederkehr.

Hamburg, am 17. Oktober 2009

Umgang

Wir sind uns
umgangen,
blieben gefangen.

Warfen uns
so viel vor.

Du warst ein
Tor
und ich nicht
bereit,
Dir zu vergeben.

So ist nun mal
das Leben.

30 Jahre
Vergangenheit
immer noch
Befangenheit.

Vergeben jetzt
einander, wo nichts
mehr so wie damals ist.

Unsere Herzen
sind zwar endlich
befreit, doch dieser
Weg war zu schwer
und zu weit.

Liebster, gib mir nur
zurück meine Zeit.

Hamburg, am 2. Juli 2009

Ein Bild

Wenn die Liebe
mich berührt,
lieblich streichelt
meine Wangen,
fühle ich mich
sanft geführt
durch alle Zeit
und die Trauer
ist vergangen.

Und der
Sonnenuntergang
strahlt in
rötlichen Strahlen,
so möchte ich gerne
ein Bild von
diesen Tagen malen.

Hamburg, am 22. August 2012

Nach dem Fest

Nun sind sie
alle fort,
die Träume,
die Trauer...

Wieder ist
so einsam
dieser Ort.

Wie lange wird
es dauern,
wie lange braucht
das Leben,
um selbstgebaute
Mauern
zum Einsturz
zu bewegen.

Wie lange bist Du
schon fort?

Hamburg, am 7. Juni 2009

as Ego

Jenseits allen
Schmerzes

Jenseits
jeder Not,

da finden wir
Dein Reich,

jedoch erst
nach dem

Tod!

(des Egos)

Hamburg, am 3. Oktober 2009

*E*s ging die Sage um, dass der König der Erden gekommen sei

Sie saßen am Küchentisch mit einem kleinen
Kerzenlicht in der HEILIGEN NACHT
und lauschten der Geschicht'.

Da klopfte jemand an die Tür, ein Fremder,
er bat um Speis und Trank
und wollte sich ein wenig aufwärmen.

Sie hatten nicht viel, doch was sie hatten,
boten sie dem Gast
und erzählten ihm von ihres Lebens Müh
und Last.

Nach einiger Zeit stand der Fremde auf
und wollte wieder gehen und dankte für die
Gaben.

Doch es war etwas geschehen. In ihren
Herzen leuchteten tausend Lichter und
unendliche Freude zeichnete die Gesichter.
Da wurde ihnen klar, dass Gott der Herr ihr
Gast gewesen war.

Seht nach vorn

Es ist immer wieder
dieses bisschen hoffen,
was mich ja sagen läßt,
ja ich mache weiter
in diesem traurigen
Leben, denn ich hoffe,
hoffe doch so sehr,
es wird noch schöne
Tage geben.

So will ich streben
hin zum Glück,
sieh nur nach vorn,
sieh nie mehr zurück.
Und irgendwann
ganz unverhofft
ist es da, das ganz
Große Glück.

Dein Geheimnis sei,
sieh nie zurück!
Dann umarme
Dein Glück!

Hamburg, am 23. August 2012

Einsam?

Die Einsamkeit
ein strenger
Lehrmeister ist.

In jedem Augenblick
sagt sie Dir,
dass Du alleine bist.

Oh, das tut weh!

Alle anderen Menschen
wähnst Du in
glücklicher Verbundenheit.

Niemand ist bereit
zu teilen mit Dir
trostlose Einsamkeit.

Doch dann kommt
ein Tag, da entdeckst Du,
dass Du gar nicht
einsam bist.

Hattest Dich nur
von Dir abgewandt,
dich also selbst vermisst.

Du hast Dich
wieder gefunden
und um Dich herum
die ganze Welt.

Jetzt kannst Du leben,
hast Freude, Glück und
ein weites Feld.

Hamburg, am 13. August 2012

Chancon der Liebe

Meine Sprache konntest
Du nie verstehen.
Hast nicht die Liebe in
meinem Herzen gesehen.

Du gingst fort und
ließt mich weinend stehen.

Jahre kommen, Jahre gehen,
mein Herz kann nicht
verstehen, warum wir uns
nie wieder sehen?

Ein Stern der scheint für
mich und erleuchtet die
Traurigkeit.

Am Ende vergesse ich Dich
mein eigner Weg, so weit.

Und es kamen neue Lieben
und es kamen welche,
die gern blieben.

Mein Stern und endlos weit
führt mich durch meine
Einsamkeit.

Und eure Sprachen kann ich
nicht verstehen. Und eure
Herzen hab ich niemals gesehen.

Lebe wohl nun diese Welt,
lebet wohl, denn ich will
weiter gehen.   *Hamburg, am 8. August 2012*

Sommer Ende

Und der Sommer will gehen....

Es war heiß, es war schön,
alles hat geblüht und der
Himmel im schönsten Licht
gestrahlt.
Fast wie ein Bild gemalt.

Die Tage waren lang,
die Nächte lau.
Überall fröhliches Geschrei!
Menschen waren froh und frei.

Doch alles hat ein Ende,
immer wieder kommt
die Wende.

So wollen wir den Herbst
begrüßen, das neue Leben
feiern
und die Blätter werden
fallen, fallen fallen
auf die Erde nieder.

Doch jedes Jahr kommt
alles von neuem wieder!

Hamburg, am 20. August 2009

An einem Sonntag

Es war ein Sonntag,
schon kurz nach zehn.

Ich trat vor die Tür
und wollte spazieren gehen.

Doch der Himmel
fing an zu grollen.

So können wir
doch nicht immer tun,
was wir wollen.

Am Montag
schien die Sonne.

Ein Tag voller Arbeit,
ich tat sie mit Wonne.

Hamburg, am 20. Juli 2008

Weihnachtsgedanke

Weihnachtliche Stille,
sehnsuchtsvoller Wille
nach Frieden
auf Erden.

Gott,
gib uns die Kraft,
gib uns die Macht,
dass alle Menschen
satt, glücklich und
zufrieden werden.

Zu Weihnachten
bricht Dein
geistig Licht
in jede Dunkelheit,
macht unsere
Herzen weit.

Seht doch von fern,
leuchtet uns der
Weihnachtsstern.

Hamburg, im Dezember 2009

Hoffnung und Sehnsucht

So lass ihm doch sein hoffen,
der Himmel steht doch allen offen.

Sprechen alle dagegen, sei dafür!
Keiner steht auf, öffne Du die Tür!

Draußen ist es dunkel, draußen ist es kalt.
du gehst durch den Schnee.

Furcht wird groß, wenn kein Licht mehr
brennt, keiner das Wort Sehnsucht kennt.

Siehst Du, auch Du bist Licht, verschließ
deine Augen vor dem andern nicht.

Du hast ein Herz

Vergessen, verdrängen, am Ende Schmerz!

Kopfarbeit leisten, so heißt es
für die meisten.

Will, muss, will, die Zeit steht nicht still.
Reden uns die Köpfe heiß, zanken und kriegen.

Jeder will jeden besiegen.

Da bleibt das Herz dann manchmal stehen.
Verloren im Leben, wie soll`s nun weitergehen?

So lange Dein Herz schlägt,
es alles Dinge dieser Welt bewegt.

Hamburg, im Oktober 2006

Alles vergeht

Der Wind verweht
die Worte meines
Herzens.

Trugbild und Schein
sind des Lebens
Spiegel, Spiegel
meiner Schmerzen.

Seele, oh mein,
setze den Riegel.

Das Alte soll
vergessen sein.
Und es sind da
viele Ziegel für
ein neues Haus.

Dort gehen bald
zwei Liebende
ein und aus.

Hamburg, im Dezember 2006

Wunsch an die Liebe

Der Traum
eines Märchens,
lieblich und fein,
soll schon bald
Erfüllung Dir sein.

So wahr die guten
Geister walten,
soll Dein Glück
ein Leben lang
anhalten.

Wunsch der Liebe.

Hamburg, am 7. September 2007

Fremder Wohin

Der Wind weht
aus Westen.

Es wartet
keiner mehr
auf Dich.

Hast kein
Zuhause und
findest
keines mehr.

Die Freunde
sind gestorben,
Dein Leben
ist so leer.

Der Wind weht
aus Westen,
die Wolken
ziehen mit.

Hamburg, am 15. November 2006

Paradies

Es ist Krieg
und die Vögel singen...

Hört doch ihre
Lieder
und vereinigt euch
wieder.

Es ist Frieden
und die Vögel singen...

Und des Menschen
Augenblick

kehrt ins

Paradies

zurück.

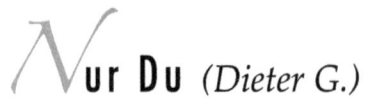Nur Du *(Dieter G.)*

Da warst immer nur Du!

Ein andres Glück wollt
ich nicht finden.

Wegen "Dir" wollte und
konnte ich mich nicht mehr binden.

Nur nicht denken!
Ein Leben ohne Herz.
Konnte es nur einmal verschenken.

Was für ein Leben,
wenn man nicht bekommt
wonach man sich einzig sehnt?

Kann in sinnloser Zeit
keinen Sinn erkennen.

Oder heißt Leben
sich trennen, sich trennen, sich trennen?

Lernte nicht zu lieben das Leben.
Wo bist Du?

Mein einzig Glück geblieben?

andlung

Da fallen die ersten Blätter.
Rot, grün und gelb bedecken der
Erde Grund.
Es kommt schon andres Wetter,
ein bisschen Sturm und kühlre Tage.

Schwärme von Vögeln siehst Du
jetzt ziehen gen Süden.
Holst die alte Jacke raus und
auch die Gummistiefel.
Gehst des öfteren um das Haus
und sammelst abgefallene
Zweige ein.

Es wird jetzt früher dunkel
und in den Stuben leuchten
warme Lampen.
Sieh den Laternenumzug mit
den vielen Lichtern
und strahlenden Kinderaugen.

Ein kleiner Punsch am Abend
wirkt sehr erquickend und labend.
Wir begrüßen den Herbst im
bunten Blätterkleid und das
Herz nimmt Abschied von der
Fülle und Pracht der Sommerzeit.

In meinem Fenster steht ein Licht
und ich warte auf Dich.

Hamburg, am 14. August 2010

u Herr

Wenn Deine Gnade
mich ereilt
und Deine Liebe
sich verteilt, dann ist
die Hoffnungslosigkeit
zu Ende.

Dann erkenne ich
meine und Deine
Hände.

Fortan werden wir
gemeinsam schaffen.
Ein Werk entsteht
von Gott und Mensch,
von Mensch und Mensch,
prägt sich ein ins
zeitlose All.

Hamburg, am 3. August 2013

Glanz und Licht

Da strahlt es nur so voller
Glanz und Licht.
Ein Schimmer, der meine
Dunkelheit durchbricht.
Die Augen und die Seele
müssen sich erst daran
gewöhnen.
Das Helle lässt mich wieder
leben - vorbei alles Dunkel
noch von eben.

Wie Gott es hat versprochen:
Er sagte nur,
»es werde Licht« – und es
ward Licht.

Den Schlüssel fürs Leben
kennen und immer wieder
das Licht und die Freude
geben.

Warte nicht und
öffne Fenster und Türen!

Das Leben strahlt hinein
in vollem Glanz und Licht,
wieso sah ich es
früher nicht?

Hamburg, am 29. Juni 2009

Voran

Geh voran
und sieh nach vorn.

Blick Dich nicht um.
Blick Dich nicht um.

Vielleicht gehe ich
hinter Dir,
vielleicht bleibe
ich auch stehen.

Blick Dich nicht um
und lass mich
eigene Wege gehen.

Voran, voran
jedermann!

Und niemals zurück!

Auch durch die
Dunkelheit
und am Ende

treffe das Glück.

Voran!

Hamburg, am 2. Oktober 2008

Irrtum und Licht

Verirrt auf
Deinem Weg
hast Du mir
geschrieben.

Und siehst Du
in der Ferne
dieses Licht.

Finde einen Weg
zu mir zurück
und bitte,
verirre Dich
nicht!

Hamburg, am 27. August 2012

*E*in Weg

Ein Weg, da ist ein Weg,
sagen die Leute.

Siehst Du, wie sie wandern,
einer hinter dem andern.

Doch der Weg für mich
ist ein schmaler Pfad
mit Dornenranken.

Werde ihn tapfer gehen.

Einsamkeit ist mein Gefährte.
Wolken werden meine Freunde,
wenn ich zum Himmel spreche.

Das Ziel ganz nah,
doch nicht zu sehen,
keiner will mit mir gehen.

Abseits steht ein einsamer
Wanderer, der sieht mir zu.

Es gibt nur einen Weg für
ihn und mich,

es gibt nur Dich!

Hamburg, Ende August 2008

Du hast ein Herz

Vergessen,
verdrängen,
am Ende Schmerz!

Kopfarbeit leisten,
so heißt es
für die meisten.

Will, muss, will,
die Zeit steht
nicht still.

Reden uns
die Köpfe heiß,
zanken und kriegen.

Jeder will jeden
besiegen.

Da bleibt das Herz
dann manchmal
stehn.

Verloren im Leben,
wie soll's nun
weitergehen?

So lang es schlägt,
es alle Dinge dieser
Welt bewegt.

Hamburg, im Oktober 2006

Es ist Krieg
und die Vögel singen

Hört doch
ihre Lieder
und vereinigt
euch wieder.

Es ist Frieden
und die Vögel singen…

Und des Menschen
Augenblick
kehrt ins
Paradies zurück.

Leben - Tage so leer

Tage so leer
werden
zu Jahren
ein Leben
schwer.

Suchen
immer wieder
suchen
irgendeinen Sinn.

Wo geht es lang?
Wo geht es hin?

Keine Zeit,
alle laufen weiter.
Fragen nie…

Da erkannte ich

im Augenblick
nur fühlst Du
Dein Leben.

Er kann allein
den Sinn Dir geben.

Licht

Zündet die Lampen an
und leuchtet eurem Weg.

Die Dunkelheit war lang
auf Erden,
morden, Gier, Zerstörung.
So kann es niemals
Frieden werden.

Entzündet das Licht,
um andere Wege
zu gehen.

Lasst die Herzen sprechen.

Sie geben Licht,
sind ewig da,
machen Mensch
dem Menschen nah!

Zündet an die Lampen
und werdet immer mehr,
bis ihr seid ein
großes Heer!

Hamburg, am 3. Juli 2009

Zum Einschlafen

Die Erde

versinkt.

Schlaf unter

bizarren Bäumen

und

träume

von einem Leben

wie Du es Dir

gedacht.

Gute Nacht!

Im Januar 2008

Warten

Ich habe gewartet
und gewartet,
fast ein ganzes
Leben lang auf Dich
und Du bist nicht
gekommen.

Mein Herz
ist krank, die Seele
schmerzt.
Ich habe mich
geirrt, muss es
einsehen.

Hatte gedacht,
Du würdest
mich lieben.

Wo sind meine
Lebensjahre
geblieben?

Hamburg, am 2. September 2012

Wunder der Seele

Meine Seele trägt noch
viele Wunden.
Und Du – du willst
mein Leben
jetzt erkunden.

Wirst all die Schmerzen
sehen,
ich zweifle,
wirst Du überhaupt
irgend etwas verstehen.

Lass mich doch lieber
ganz in Ruhe
und wende Dich
anderem zu.

Es wird besser sein.

So heilen meine Wunden
und Dir füg ich keine zu.

Der Clown – und – Abschied

Und sie lachen...
und sie lachen...
lachen weiter...
sind so heiter...

Steht er auf der Bühne
der Clown!

Er verbeugt sich
am Ende...

Und sie klatschen
und lachen ... und
sind so heiter...

Tränen fallen dem
Clown vom Gesicht.
Sie lachen weiter,
sind so heiter...
und sie wissen nicht,
dass das Herz
eines Clowns
gerade zerbricht!

Und sie wissen nicht,
dass des Clowns
Herz zerbricht...

Der Vorhang fällt.

Deutschland,
wenn erst Deine Clowns nachts durch die Straßen
wandern,
dann werden wir keine Zeit
mehr haben.

E N D E

Meine
aufrichtige Danksagung

Meine über alles geliebte, verstorbene Mutter, der ich fast alles zu verdanken habe.
Meine liebe Schwester Sylke Schirpke, die mich liebevoll in vielen Phasen meines Lebens begleitet hat.
Meinen Deutsch- und Politiklehrer Dieter Greunke, der die ganz große Liebe meines Lebens war.
Meinen Arzt Dr. Emil Thiemann aus Putensen, bei dem ich eine Zeit lang leben konnte.
Meinen verehrten Herrn Martin Mertens, der Freude an meinen Gedichten hatte und sie gerne gehört hat.
Danke…..
Frau Aila Esswein, die mir durch ihre stetige, freundliche und liebe Anteilnahme, Mut gemacht hat.
Meine besten Freunde von der Hauser-Gruppe, Margot Seydlitz und Peter Lumpe, die mir in vielen Sachen geholfen haben.
Meine beiden Katzen Lilly und Felicitas, die immer um mich sind, wenn ich schreibe und mich schon oft inspiriert haben.
Und ganz besonders Sabine und Jens Voss, die alles getippt haben.
Dem Maler und Grafiker Jörg Abke, der die Gestaltung des Buches ehrenamtlich übernommen hat.

In Dankbarkeit

Dasha